Meta: Eine Erzählung

Carl Sternheim

Alpha Editions

This edition published in 2022

ISBN : 9789356903586

Design and Setting By
Alpha Editions
www.alphaedis.com
Email - info@alphaedis.com

Meta
Eine Erzählung

META war ein dienender Geist, geboren im gleichen Städtchen, in dem sie bei bürgerlicher Herrschaft Stellung hatte. Siebenzehn Jahr alt, schien sie klein, fest und hatte zu mittleren Formen den vollen Busen der Frau, auf den sie stolz war, den sie herausstrich und mit Brosche und Blume garnierte. Ihr Haar, das aufgelöst mit blonder Welle ins Knie hing, wusch sie mit Branntwein und Kamille. Der dünne Sopran sang Volks- und Kirchenlied; warm wie ein Öfchen war die ganze Person.

Sprang sie morgens aus den Kissen in die Kammer, verschlug ihres Körpers Hitze gleich des Nordzimmers Kühle angenehm. Bei jeder Bewegung, warf sie die Arme ins Waschbecken, fuhr mit dem Bein in Hose und Rock, hob es zum Schuhknöpfen auf den Stuhl, ging ein molliger Hauch in die Atmosphäre, und alle Umgebung war immer behaglich für sie angewärmt.

So fand sie, von Frost und Schauern nie zur Eile getrieben, Zeit, sich beim Anziehen im Spiegel reichlich zu sehen, unter das Haar, in den Rachen zu spähen und die Zähne tüchtig zu bürsten. Mit billigen Pasten salbte sie die Haut.

Da sie aber ihrer Arbeit gewissenhaft hingegeben war, blieben die Hände, die in Soda und Lauge tagsüber schwollen, Risse und Borken bekamen, ihre ständige Sorge. Unter dem Zeug war sie blank wie Porzellan, aus den Ärmeln aber schauten breit und blau die Flossen.

Kleider von glattem Tuch standen ihr zum Entzücken, beim Schaffen schien die Schürze darüber angegossen. Stand sie hoch und auf Leitern, sah man die Säume der Wäsche weiß, und aus fester Wolle schwarze Strümpfe. In der Bewegung spielten die Glieder rund und im Rhythmus.

Der Herr, erwischte er sie in einer Ecke, patschte ihr leutselig aufs Hinterteil. Sie lächelte und nahm's als Herzensbeifall. Schon hundertmal hatte er sie getätschelt, und es sprang aus ihr kein Flämmchen. Noch war sie niedlich nur für sich selbst, und Blicke der Männer machten sie nur in der Selbstschätzung sicher. Im Sommer schwitzte sie, im Winter wünschte sie's zu tun. Der Frühling sagte ihr Besonderes. Da wurde ihr Tun gemessen. Sie verhielt sich, den Kräften, die sie spannten, begegnend. Sie flog ein wenig von innen heraus, und ihre wie zum Gebet gefalteten Hände drückten die bewegte Brust, das drängende Leibchen nieder.

Im Spiegel sah sie sich ins Auge und fand alles weit und blau. Ein großer Reiz stellte ihr das Gefieder der Haut auf; sie schnurrte. Oft fiel sie verloren in den Sitz und staunte. Befühlte Gegenstände und sich selbst und mußte, Tränen im Blick, den zierlichen Kopf schütteln. Abends aber im Bett, dem geöffneten Fenster entgegen, lächelte sie verschmitzt ins Himmelslicht und dachte ihr Teil.

Plättete sie Wäsche der hübschen Hausfrau, hatte sie gerührte Vorstellungen. Zärtlich strichen die Hände Spitzen und Rüsche. Armes, dachte sie von ihr, — glückseliges Weib dann wieder, und aus ihr hüpfte Mitgefühl. Hemd, Kragen und Beinkleid des Mannes weckten ihr gutmütigen Spott. Die Männer, Himmel, das war eine Sache für sich; doch immer zum Kichern.

Sie lächelte jeden an, dem sie Rede stand, und spürte, es ist nicht ernst mit ihm. Nur ein wenig Blitz brauchst du in den Blick zu stellen, das Mäulchen zu schürzen, und mit seiner Gewalt, dem festen Auftritt ist's vorbei. Den Beamten, die behördliche Mahnung brachten, entgegnete sie auf ihr „endlich!“ und „unwiderruflich!“ mit stiller Heiterkeit, daß die das Auge schlugen und gleich fröhlich von der Sache wegzureden begannen. Einem Polizisten hatte sie sogar den Arm gestreichelt. Waren die Männer schon in die Treppe zurückgetreten, schmetterte sie ihnen helle Triller nach, daß die draußen lachten und dachten: welch' niedlicher Vogel, welch' frecher! Und ihnen noch einmal wohl wurde. An allen Straßenecken grüßte sie die Obrigkeit. Die Wagenführer waren ihr gewogen. Milchmann und Schornsteinfeger grinsten bei ihrer Begegnung, und zum Dank hatte sie für alle einen Blick, irgendwie Duft ihrer Frische. Regnete es, hob sie die Röcke an die Wade, und trippelnd fing sie aus Blinzeln und Geschmunzel bärtiger Gesichter sich eigenen Sonnenschein. Hochgestimmt war sie an Sonntagen, an hohen Festen überirdisch bewegt.

Zu Weihnachten bekam sie von der Herrschaft ein leeres Heft, auf dem in goldenen Lettern „Tagebuch“ stand. Dazu ein gedrucktes Buch, einen Roman des Titels „Der Zug des Herzens“. Mit der Spende des Tagebuches war von den Gebern nicht beabsichtigt, ihre Magd zur Selbsteinkehr zu führen. Irgendwann hatte es die Frau geschenkt bekommen und gab es weiter, andere Gabe zu sparen. Der Roman aber war in einer Buchhandlung eigens für Meta gekauft.

Es war die erste Liebesgeschichte, die das Kind erfuhr, und sie vermittelte ihm stürmischen Eindruck. Held und Heldin des Buches liebten sich auf vorbildliche Art; das Mädchen schien leiblich und seelisch wie aus dem Ei gepellt und machte dazu mit Rede und Geste heldische Anstrengung, stand sie bei dem Geliebten. Ihre braunen Flechten waren gelöst, es blitzten die Augen, die Brust hob sich regelmäßig stürmisch. Auf ihrem Antlitz lag Güte, sie lispelte hold, und abwechselnd ließ sie das Haupt dem Mann an die Schulter und in den eigenen Nacken sinken. Der Liebende aber war ein Standbild aus Bronze. Er sprach Gold und schwieg Erhabenheit. Es ließen sich die Situationen himmlisch an trotz einiger böser Menschen, die zum Schluß ihr Unrecht bekannten. Küsse knallten auf jeder Seite, und einmal war sogar von etwas die Rede, das Metas Blut zum Wallen brachte.

Sie war hinterher mit Dichtung gefüllt, schickte mit jedem Gedanken Übersinnliches in die Welt, verband aller Handlung fortan dunklen Zweck. Zittern befiel sie jetzt beim Bügeln der Wäsche, und es schwindelte sie, räumte sie des Ehepaars Schlafzimmer nach; ein Geheimnis wuchs in der Brust, und sie neigte ein wenig zur Angst. Auch legte sie wohl den geschwungenen Arm an einen Türpfosten und seufzte verzaubert. Schwäche saß in den Schenkeln; von der Küche sah sie zum Hof auf die Tiere, die sich berochen.

Erst wälzte sie heftig Gedanken, dann saß sie eines Abends bei Papier und Feder und stach entschlossen ins Faß. Doch flossen Tränen vor der Tinte auf die Seiten, und ihr entfuhr ein „Jesus!" nach dem andern.

Fedor, der Held des Romanes, wuchs stracks in ihr Leben. Aus den Armen Leonores, der sie auf manche Schliche kam, riß sie ihn und zog ihn zu sich hinüber. Eine Vollkommenheit ihrer Seele nach der andern entschleierte sie dem Entzückten, der mit „geliebtes, himmlisches Weib" respondierte und segnende Gebärden auf sie schwenkte. Dazu murmelte Meta innerlich ein erlöstes: ach! Einmal, als sie ihm eine Tugend, die ihr eignete, zuraunte, wollte der Hingerissene flink ihre Lippen. Da aber richteten sich Trotz und Person des Mädchens noch einmal hoch, bis sie durch Glut der Blicke versengt, schmelzend in den Wirbel seiner Küsse einging.

Nun hockte sie, von der Arbeit fort, oft in den Winkel und ließ sich von ihm umschließen. Die Lippen schmiegte sie zwischen die eigenen Finger, die sie geschlossenen Augs besog. Fedors Atem blies sie aus ihnen an, sein Wunsch und Wille mit ihr lag wie Faust auf ihrem Haupt. Er wuchs sich aus, ward bald ein Schlimmer. Dem Schluß ihrer Arbeit lauerte er auf, trieb sie, die Hände wie Hämmer über sie gehoben, flugs in die Kammer hinauf. Dort preßte er den Rücken gegen die Tür, breitete Arme und Beine und sperrte gänzlich den Weg. Dann stellte er die schreckliche Forderung: ihr Kleid solle sie abwerfen, Wäsche zeigen. Sie aber schlug ihr purpurnes Antlitz in die Hände, und während Fieber sie quirlten, stieß ihr Stimmchen das noch gerade hörbare Nein als Hilfeschrei heraus, der ihn verjagte.

Das ging nun Abend für Abend. Schon beim Einbruch der Dunkelheit sprang seine Tatze aus der Wand und trieb sie. Wo sie stand, hatte sie das Gefühl, der Zugriff blieb hinter ihr. Sie lief mit vorgestoßenem Schoß und legte die Hände schützend unter das Gesäß. Das war ihres jungen Lebens Zustand, bis Franz erschien.

*

Er brachte eines Morgens ein Telegramm, und als er's gab, sah er in die Luft. Da er auf Antwort wartete, blieb er in der Küche. Meta suchte, seinen Blick aus dem Nichts zu fangen, doch wich er aus. Endlich gelang ihr's, sich ihm in den Sehwinkel zu haken, und nun zog sie des Jungen Haupt gegen ihr Antlitz, ließ es Kreise beschreiben, und als er es recht geradeaus hielt und die Augen gleich zwei Tassen aufriß, blies ihm das Mädchen mit Stichflamme ihren Glanz bis zur Herzgrube. Sofort war er mit Licht innen tapeziert. In Magen und Eingeweide, an des Leibes Wänden, — überall verzehrten ihn ihre Feuer. Er stand gelähmt, und erst, als sie ihn anredete, schlenkerte er weg. Doch wurden die Depeschen im Städtchen hinfort nicht schnell bestellt, denn er verweilte auf Brücken, in öffentlichen Gärten. Bog die Zweige der Büsche nieder, ließ sie schnellen, und ihm war's süßer Schreck. Im Tritt mied er Ritzen der Trottoirplatten und alle Schatten; ließ den Finger an Gittern spielen. Sonntags sackte er in eine Bank im Park und trank Erinnerung des unvergeßlichen Morgens.

Meta aber putzte die Scheiben zur Straße, nach ihm zu spähen. Erschien er, hing sie den Rumpf, die halbe Brust ins Freie und flatterte, Tuch in Händen, wie eine Fahne am Fenster. Den Kopf in die fortstehende Sohle, das offene Loch ihres Rockes gereckt, marschierte Franz unten vorbei. Einmal doch wurde er flach hingenagelt, als sie ihn anrief. Er sperrte Mund und Auge wie ein Karpfen, und ohne daß er sie verstanden hätte war er verhimmelt. Nun begann, was Regeldetri ist: eine einfache, dumme Liebe in dem Jungen, der träumte, was das Zeug hielt, mit keuschen Symbolen. Engel war für die Angeschwärmte das mindeste Gleichnis. Er gab ihr Krone, Kelch und Dorn und alle Vollkommenheit im Voraus. Sie empfand's auch, als sie das erstemal mit ihm in die Felder ging. Ganz anders als in ihrem einstigen Verhältnis zu Fedor mußte sie sich nicht brüsten. Wort aus ihrem Mund war ihm Allegorie, Silbe schon Botschaft. An ihrer Seite ging er, Andacht und Glaube. Sie schwatzte Blasen ins Blaue und spürte gleichviel, wie Basalt fiel ihre Rede auf sein lauschendes Herz. Die blasseste Geste von ihr blieb ihm denkmalhaft in der Vorstellung; schloß er die Lider, rauschte sie großflügelig daher mit Schwung und Faltenwurf des Gewandes. Auch Natur, die sie einmal bezeichnet, verharrte für ihn endgiltig. Als sie bei einer Promenade den sinkenden Sonnenball zeigte, stand der fortan Tag und Nacht seinem Auge an der gleichen Stelle. Silhouette der Berge, an einem regnichten Morgen von ihr mit dem Finger an den Himmel gerändert, blieb dort, fest in die Wolken gemeißelt. Überglücklich fand sich Meta und diese Anbetung wie ein Wunder, das den Sinn ihres Lebens erhellte. Was galt Arbeit und Abhängigkeit, stand am Haustor abends der Trabant mit dem Tronhimmel seiner Liebe, unter dem sie als Kaiserin schritt? Maskerade war ihr Dienst; Wirklichkeit begann an der Seite des Verliebten.

Das Mädchen sah der Gottesmutter Bildnis oft und dringend an und nahm aus Haltung und Gebärde viel für sich wahr. Denn sie meinte, des Jünglings Sinn allmählich mit Wirklichkeit stützen zu müssen; doch erfuhr sie nicht, daß der Eindruck ausblieb, weil die männliche Seele sie ewig strahlender sah, als sie es darstellen konnte. Ihm war sie nicht nur Maria aber Meta dazu. Und die war ihm ursprünglich herrlicher.

Flitzte auf gelbem Rad er vorüber — stand sie im Fenster —, riß er die Mütze in die Wagerechte und schickte mit gedoppeltem Blick ihr ewige Treue. Lob für sein forsches Fahren spendete sie ihm und bat, sie's auch zu lehren. Doch als er bei Dunkelheit kam und sie in den Sattel hob, saß sie schlecht und bewegte sich unkundig. Fürchtend aber, seine Erwartung sei, schnell müsse sie die Lenkstange greifen und, die Maschine beherrschend, sie mit Schwung aus sich selbst in Gang setzen und lächelnd entschweben, stieg sie gleich zur Erde nieder, behauptend, dies zieme ihr durchaus nicht.

Überall und immer, weil sie infolge seiner grenzenlosen Anbetung eine Formel der Vollkommenheit erfüllen wollte, bemühte sie sich jetzt, die Schöpfung abhängig von ihr zu zeigen. Hatten sie auf Märschen den Gipfel des Berges bei schlimmer Hitze erstiegen und starrten, Atem ausbrausend, den Rausch der Freiheit oben an, wollte sie Wasser, sonst nichts, wohl wissend, anderes möchte am Ende nicht zu finden sein; Göttern aber versage sich nichts. Oder sie sprach, wenn schon die Tropfen fielen: daß es doch regnen möchte! Und stellte den Sturm der Elemente mit dem Hinweis auf die Pracht des Regenbogens ab, doch so ein wenig, als hätte der auf ihren Ruf erst sich illuminiert.

Sie war sich nun bewußt, unvergleichliches Leben mit Franz zu machen. Keine Nebenbuhlerin könne gefährlich werden, denn an goldenen Fäden lenkte sie für ihn die Welt und zog mit sphärischer Landschaft, englischen Freuden, mit sich selbst immer das Paradies auf die Szene.

Ihr Lohn war sein staunender Beifall. Ausgleich für Gefühle, die sie irgendwie schon heimsuchten. Einen Frühling hindurch liefen sie in Freistunden durch umhuschte Wege Höhen hinan. Saßen oben im Moos, das Bild der Heimat vor sich ausgebreitet, in dem Meta die gestellte Sonne blieb.

Sie lebte Dogma. In seinen Glauben geschient, war ihr Wille seiner Demut unterworfen. Seine herrische Andachtsforderung ließ ihr im einzelnen Spielraum, zwang aber unbedingt die Richtung ihres Lebens. Herzlich liebte sie ihn, bewunderte die entfesselte Hingabe, und mählich, mehr und mehr, begann sie, ihm diese zu neiden.

Baute er sie steil vor sich auf und machte Kniefall, sie aber mußte irgendwie mit seelischer Verzierung stehen, hätte sie neben ihn hinsinken und auch anschmachten, anbeten wollen. Ihre gezwungene Stärke trieb ihr schließlich Tränen ins Auge. Das gefügte Erz der Gesten begann zu reißen, ihrer Stimme Metall zerbrach. Brüchig ward das eherne Standbild, und Fleisch begann, allenthalben in die Furchen zu wuchern. Stand er jung, stark und gerade als Mann gewachsen vor ihr, senkte das Haupt an ihre Brust, auf das sie dem Ritus zufolge die gekreuzten Handflächen legen mußte, konnte sie Aufwallung nicht mehr unterdrücken. Oft schüttelte sie an seiner Seite der Reiz so mächtig, daß die Zähne schlugen und Gebein klappte. Er aber, knabenhaft frei, sang das Marschlied in die Luft.

Sie betete zu allen Heiligen, den Sinn ihm von Grund auf zu ändern; seiner Kraft und Gewalt möchte er sich bewußt werden. Sie wünschte die ins Fenster geschmetterte Faust, daß Scherbe vom Kitt klirre. Vorm Schlafengehen brach sie ins Knie und senkte der Seele unbezähmbare Sehnsucht nach Hingabe in selbstvergessenes Gebet. Wollte sie aber sanft und mit gütiger Schonung Anfall ihrer weiblichen Schwäche von weitem ankünden, schob er unwiderstehlich doppelte Riegel vor. Er wollte seine Andacht bis an die Sterne spreizen, doch müsse sie das unzerreißbare, sich immer weitende Gefäß für sie bleiben. Dazu flatterten seine Worte ekstatisch, und die Arme ruderten wie mystische Mühlen. So blieb sie Heilige weiter, aber der Wurm fraß in ihrem Blut. Sie duldete seinen Kult und spürte nur immer mit allen Sinnen, durch welche Mittel sie ihn zerschlagen, wie sie Franz vergotten und in der Rolle der demütigsten Magd sich selbst mit natürlichem Glück bis an den Rand füllen könnte.

Eines Abends, als sie zum Bad in flacher Schale Wasser stand und das Gesicht über die Schulter in den Spiegel legte, sah sie sich rückwärts so: von mittlerer Größe, schien die Gestalt in der Hüfte edel geteilt. War auch das Postament der Beine höher, saß der Rumpf mit gutem Verhältnis darauf. Leuchtendes Weiß des Fleisches war durch der Flechten Blond getönt, die von der Hand im Nacken zusammengepackt, von dort in zwei Flüssen mit spitzer Mündung zu jenem Taillenschwung liefen, der Meta das geheimnisvolle Mittel ihres Körpers schien. Sie bleibt von Reiz gefangen, als sie die geschnürte Betonung der Hüfte in Linien, die das Kissen des Gesäßes vom Schenkel, das Knie von der Wade trennen, sich wiederholen sieht. Ihr heller gewordenes Auge stellt schließlich den vierten Ton dazu fest: die Schulterlinie, die durch den hochgenommenen Arm noch deutlicher wird. Mit dieser Vierteilung Hilfe geht ihres Leibes Sinn ihr völlig auf: Zum Denken der Kopf, die Beine zum Schreiten. Zwischen Hals und Hüfte ist der Rumpf, Sitz der Organe, die uns das Himmlische vermitteln: durch Lungen und Herz den Odem Gottes, aus dem wir leben.

Aber dahin, wo wie ein geschwellter Kessel der Leib zwischen Schenkel und Hüfte eingelassen ist, hat ihr kindischer Sinn, hat Franz nie gedacht. Dort, während Blutsturm sie purpert, die Arme zur Höhe fliegen, fühlt sie plötzlich die entscheidenden Gewalten sitzen.

Die Folgen ihrer Erkenntnis waren beim nächsten Beisammensein deutlich. Kopf und Oberteil hatten die Schwere verloren; aber die Schritte setzte sie gewichtig, als liefen die Beine in Scharnieren, und sie müsse, Reibung und Kreischen der Teile in den Gelenken zu vermeiden, die Hüftknochen emsig drehen und das Rückgrat unten pendeln lassen. So kam es, daß beim Gehen ihr Rock des Mannes Schenkel schlug, während Metas Blick auf seltsame Art sich verglaste. Aber schnell merkte sie von seinen Gliedern Widerstand, der ihr die Knochen bog und sie in das lustige Trippeln zurückzwang, mit dem sie bisher neben ihm gegangen war. Auch im Gespräch duldete er die Einführung solcher Vokabeln nicht, die irgendwie ein Fallenlassen der strengen zwischen ihnen geltenden Regeln andeuten wollten.

So griff sie zu Listen, ihr Gleiten aus Franzens Himmel zur Erde zu ermöglichen. Den Hut ließ sie fort, ihr Haar vor ihm in Verwirrung spielen. Sie ging leicht gekleidet, daß Wind die Musseline blähte und Sonne sie durchsichtig mache und zeigte an Hals und Armen Streifen rosiger, gepelzter Haut. Auch hob sie sitzend das Bein übers Knie, gelöstes Schuhband zu knüpfen und war seinen Blicken nirgends geizig. Die aber schienen in solchen Augenblicken mit milchigem Horn gepanzert und schossen hinterher Drohungen auf, die das Mädchen rührten und endlich, als sie einmal gewagt, den gesunkenen Strumpf in seiner Gegenwart aufzunehmen, durch ihre lodernde Gewalt vollends erschütterten.

So riß sie die Kräfte zusammen und gelobte mit zusammengebissenen Zähnen, ein für allemal auf ein anderes Glück zu verzichten und ihm weiterhin entschieden die himmlische Liebe zu sein. Für ihren Verzicht aber wollte sie ihn auch wirklich an den Grenzen der Hingabe sehen, damit, könne schon sie selbst sie nicht betätigen, sie in seiner Seele das süßeste Bild demütiger Liebe entzündet finde. Er müsse in ihrem Dienst seine gesamte Leiblichkeit ändern, verlangte sie, die Lebenswärme für sie beleben, Geschmeidigkeit und Beweglichkeit ausbilden. Das Zerrissene möge er in sich binden, das Gebundene in sie auflösen. Höher solle er jubilieren, und die Gabe der Träne müsse ihm immer eignen. Sie fordere den Gesamtsinn verfeinert, Einbildungskraft gesteigert; Poesie wollte sie in ihn eingegossen, kurz überall stürmische Bewegung der Willenskräfte. Sie sei nicht eine vollkommene Heilige, ohne daß ein im stärkeren Maß ergriffener Gläubiger zu sein, er sich inständig bemühe.

Durch solche Worte über den statischen Zustand seiner Jugend in eine seiner Natur genehme Entwicklung geführt, brach Franz in die Ekstasen der Liebe unverzüglich auf. In seinen tiefen, mittleren und obersten Gebieten wandelte er Leiblichkeit in reinen Geist und war alsbald zu jeder von ihr gewollten Vision bereit. Während Meta tagsüber Arbeit als simples Stubenmädchen verrichtete, erblickte Franz sie, wo sie vor ihm erschien, in höhere Erscheinung transformiert. Sah erst ihr Antlitz, dann die Hände, Haare, Atem leuchtend werden. Und erlebte sie schließlich aus leerer Luft strahlend und figürlich.

Ihr blieb auf diesem Gebiet von ihm nichts mehr zu hoffen übrig.

*

Da wurde die Nation in einen Krieg gestürzt. Die Männer verließen die Familie, das Vaterland zu verteidigen, wie sie, in Schritt und Tritt marschierend, durch die Gassen sangen. Franz, der das zwanzigste Jahr nicht erreicht hatte, blieb daheim. Doch lag auch auf den Bleibenden der Druck, und es schien unmöglich, ihr Schicksal von denen, die im Feld standen, zu trennen. Jeder war von sich fort zu fremdem Los gerissen. Als im Fortschreiten des Feldzuges immer neue Scharen hinauszogen, war es den beiden offenbar, auch ihre Trennung stünde bevor. Wehmut legte sich auf alles Erleben, und die Welt schien die gewohnte Weite verloren, die Brücken zum Himmel zerstört zu haben. Jede Frage wurde praktisch, Antwort lautete aus irdischen Begriffen. Maßnahmen des Feindes zwangen, an Notdurft, Beschaffung von Essen und Trinken zu denken. Die ersten zusammengeschossenen Krüppel traten auf, und es galt, ihre künftige Versorgung vorzubereiten. Überall stand plötzlich das Allgemeinmenschliche für das menschlich Besondere. Auch Franz und Meta sprachen von geschlagener Schlacht, Gefahr und Verwundung der Freunde und Verwandten. Sie lernten Artillerie und Infanterie, spickten ihre Sätze mit kriegerischem Begriff und unterlagen dem Eindruck von Sieg und Niederlage. Die Zeitungen bestätigten die märchenhafte Niedertracht der Gegner, bravuröse Tapferkeit der eigenen Truppen immer von neuem. Bei jeder Begegnung rief nun einer dem andern schon von weitem zu: „Hast du gehört“ und „weißt du auch“. Vom eigenen Schicksal war täglich weniger die Rede.

Als aber erst kräftiger neue Welt sich in Franzens Vorstellung schob, aus den Kampfberichten eine herrliche Erscheinung um die andere vor ihn trat, ward Meta aus dem Zenith seines Denkens gedrängt und führte in ihm fortan ein wenn auch verehrtes doch peripherisches Dasein. Das Übermenschliche hatte für ihn den Sinn geändert. Die passive Entrücktheit des Weibes nicht mehr war anzubeten, aber des Mannes heldischer Griff.

So hob sich der Jüngling aus dem Gewinde geübter Riten und gruppierte nach veränderten Trieben innere Natur um. Religion war das Vaterland, Vorbild der tapfere Soldat. Ein anderer Gott, kriegerisch geschient, erschien in einem Himmel geschwungener Fahnen und Lanzen.

Meta, mit den vergilbten Emblemen friedlicher Güte, war als Ideal in gründlich geänderten Verhältnissen unbrauchbar. Handgreifliches Verlangen konnte sich an sie nicht klirrend klammern. Zwar gab sie ihrem Umriß herbere Kontur, der Erscheinung Strenge, den Worten Kommandoton, aber vor Prall und Knall der Armeerlasse, dem Alarm der Katastrophen und Verlustlisten konnte sie nicht bestehen. In Haltung und Ausdruck ließ Franz Respekt nicht im mindesten missen. Innerlich aber schaltete er mit ihr nach neuen Begriffen und Gutdünken. Er fand sie, in Waffenglanz nicht denkbar, vor dem schwächsten Manne schwach. Sah ihren zärteren Aufbau, ihrer Stimme dünne Resonanz ein, und daß sie oft zu schonen war. Er stellte sie der mit Standarte stürmenden Angriffslust des männlichen Prinzips, das plötzlich aus allen Kulissen der Welt wetterleuchtete, richtig als ein anderes gegenüber, das ruhend ergriffen sein wollte.

Als ihm die Einsicht das erstemal sprang, bäumte mit Lust herrischer Wille nach ihr auf, und er reckte sich in alle Winde. Den Gestellungsbefehl trug er in der Tasche — da war das Knabenalter hin, und sein Blick lenkte keck zu des Mädchens Brust, die unter Kattun doppelt gerundet stand.

Meta aber, als sie Franz' geänderte Absicht sah, stürzte in harten Kampf, die gräßlichsten Zweifel. Aus unaussprechlichen Ahnungen spürte sie die augenblicklichen Verhältnisse nicht beständig und daß alles, was in ihnen sich ereigne, dem Wechsel und vielleicht späterer Verdammung unterliege. Aus allen Lüften sah sie Gebraus, Geschmetter der Kraft in des Geliebten eindrucksvolle Seele geblasen und glaubte dennoch nicht, es fände dort ursprünglicher Gefühle Begegnung. Sie zitterte, vom süßen Moment hingerissen, möchte sie, fallend, ihm seine ewige Neigung trüben, und sich selbst ihm gründlich zerstören.

Da sich in Wirklichkeit erfüllte, was einst sie geträumt: Jung, stark und gerade als Mann gewachsen, hat sie ihn vor sich, er senkt das Haupt an ihre Brust, stößt in die Falten der Taille die Spitzen des Gesichts und schlürft ihre Wärme, bis Blut sich entzündet und im Kessel des geschwollenen Leibes Überschwang an den Ventilen siedet — zwingen sie Rufe der Not und mörderische Furcht, der ersehnten, vorzeitigen Hingabe mit schleunigem Aufbruch und schmerzlichem Aufschwung der Seele zu entfliehen.

Es weiß der Mann aus seines Leibes Verlangen immer unsinnigere Schmeichelei, Natur und alle Kreatur zaubert er vor ihre begeisterten Augen in taumelnden Aufruhr, und kaum weicht das Weib, von eigenem Verlangen gefesselt, noch aus. Schon wird über dem blanken Boden in einer Mondnacht des Mädchens Kehle und Schulter nackt, da ruft am anderen Morgen Befehl Franz zu seinem Truppenteil, und in der Hast der notwendigen Besorgungen gibt es kaum einen Abschied.

Erst aus der Garnison, dann vom Lager her, versichert er sie einer Leidenschaft, die hinter schneller Heirat fröhliche Wollust in völliger Vereinigung will. Zart fängt er zu bitten an, doch zum Schluß des Geschriebenen blitzt Mannesmut, und trumpft jedesmal die geballte Faust auf. Ihr aber beginnt, nach häufiger Wendung des Geschicks, aus seinen Worten die Ahndung eines vollkommen natürlichen Glücks, von Gott und den Menschen gesegnet, zu dämmern, und mit gefaßtem Wandel bereitet sie einfach und fromm in sich das Wesen seines Weibes vor.

Nun herrscht der Allmächtige und „Urlaub" in ihr. Mit häufigem Kirchengehen, inbrünstigem Gebet bekräftigt sie die innere Sammlung. Aufs Wiedersehen ist sie ganz gestellt, und nur manch Weibliches leuchtet ihr daneben ein. Es kam um diese Zeit die hübsche Hausfrau mit einem Knaben nieder, und Meta ist für alle Vorgänge bei der Geburt Feuer und Flamme. Als aber das Kind aus zitterndem Schoß entbunden war, und den von Qual erlösten Leib der Wöchnerin in frischen Kissen Jubel des Mutterglücks rührten, lag Meta an der Bettkante in den Knien und küßte die hängenden Hände der glückselig Erschöpften. Sie reicht ihr durch des Zimmers Sonne auch das Bündel Windeln, aus dem es quäkt und winselt, an die Brust und staunt auf all das Saugende und Gesaugte, die Spitzen Rot an den getürmten Brüsten und das in Milch verwandelte Blut. Sie fühlt sich königlich erhöht im Hinblick auf die eigene mütterliche Zukunft und hegt für das aus ihr noch nicht Geborene schon die zärtlichsten Gefühle. An Franz schreibt sie: mach schnell, komm bald. Es ist für dich alles bereit. In ihrer Seele steht das Häuschen, das mit dem kaiserlichen Briefträger sie bis ans Ende ihrer Tage bewohnen will, fix und fertig: zwei Räume und die Küche in einem Garten mit tüchtig Gemüse. In den Stuben rumoren die Kinder; im Stall ein Schwein. Am ersehnten Tag kommt statt seiner die Nachricht, der Urlaub sei verweigert; er selbst, näher den Ereignissen, ins Quartier eines hohen Stabes geholt. Ist Metas Enttäuschung schon groß, verbirgt sie sich nicht, ihr sei auf dem neuen Posten das Leben des Geliebten sichergestellt, und Ordensschmuck unter den Augen der oberen Gewalten für ihn wahrscheinlicher als in der trüben Masse an der Front. Was bedeute die Trennung, könne sie seiner endlichen, ruhmvollen Heimkehr gewiß sein? Wie er auch schilt, man habe ihm den Auszug ins Feld verwehrt, ihn vor allen Kameraden benachteiligt, lacht sie bei sich und sitzt den Winter über geschnittener Leinwand, aus der sie das Notwendige schafft zu baldigem Gebrauch. Brennt in der Kammer die Lampe, schnurrt eifrig der Ofen mit dem Kätzchen um die Wette, setzt sie Stich zu Stich mit lustigen Gedanken, und ist mit der Gewißheit, in ihrer Liebe hat sie manches gelitten, oft geschwankt, doch schließlich sich bezwungen, und nun steht ihr in einem braven Mann richtiges Frauenschicksal bevor, das beglückteste Mädchen.

*

Franz, der im Haushalt des Stabsquartiers die gleichen Obliegenheiten erfüllt wie Meta für ihre Herrschaft — er ist dort das Mädchen für alles, putzt, wäscht und wichst zu täglichem Gebrauch, was irgend vor seine Griffe kommt — fällt nach einigen Monaten treuer Pflichterfüllung in ein hastiges Leiden, das ihm die Därme immer von neuem kehrt und entleert, bis seine gemarterte Seele kläglich durch diesen Weg aus dem kaum angebrochenen Leben entweicht. Mit rühmlicher Gefallenen verschwindet ohne Sang und Klang sein Kadaver schnell in fremde Erde.

Frei durch den Himmel ihrer Zukunft schweifend, erhält Meta die Nachricht am Abend; fällt in Ohnmacht des Begreifens und bleibt zeitlich lange genug ohne Bewußtsein, um vor selbstmörderischer Torheit bewahrt zu sein. Doch scheint Starre des eingebrochenen Winters sie miterfaßt zu haben, und geraume Weile wandelt sie, vor Besinnung gefeit, in Stummheit und Taubheit eingeschneit, huscht wie ein wundes Tier vom Bett durch die Stuben zu Bett; nicht einen Seufzer hört man von ihr. Manchmal steht groß ein Schweißtropfen an ihrer Stirn, wie aus dem Knochen herausgefroren.

Eines Tages sprach sie der Hausherr freundlich und mit väterlichem Tätscheln an. Sie solle zu sich selbst erwachen. Jung sei sie, mannigfach liege Leben vor ihr, und der Männer gäbe es viele. Auch litte mit ihrer Zerrissenheit die Qualität der Arbeit. Gott sei gnädig, die Sache des Vaterlandes stünde dank siegreicher Schlachten gut, und im Grund sei mehr gewonnen als verloren.

Oben aber sah Meta plötzlich die genähten Hemden und Herrlichkeiten, daß es sie an den Elementen packte und über den weiblichen Kram in einen Jammer warf, der Tage hindurch sie selbst und Zeug und Wäsche näßte. Auf Bett und Stuhl, wohin sie blickte, saß Franz; an Tor und Tür erschien er wieder, lachend und vertraut zu ihr aufschauend. Dann hurtig enteilend, Mütze schwingend, aufs Rad flatternd. Oder es sahen seine Augen vorwurfsvoll aus dem Dunkel; doch bei ihrem zartesten Laut strahlte sein Glaube. Und er läge ihr gestorben? Wo wäre da Sinn? War im Plan ihres gemeinsamen Lebens ein Fehler, das geringste Unreine im Zusammenklang der Seelen, und stimmt Gott der Harmonie nicht bis in die verborgenen Winkel der Schöpfung zu? Halb entkleidet steht sie zur Nacht im Loch des Fensters in feuchtem Aufruhr und sucht dem Himmel, des Busens Hügel aufnehmend, den Weg zum Herzen frei zu machen, daß er es ganz einfältig mit Franz erfüllt schaue. Wär wirklich das Unfaßbare wahr, wo in der Verkettung der Umstände sei der gräßliche Irrtum des Geschehens als Schuld anzurechnen, auf ihrer demütig irdischen oder der allmächtig himmlischen Seite? Aber die Sterne erblassen nicht vor der geheulten Anklage. Kraß und klar leuchten sie die täglichen Bilder.

Noch wartet Meta und schiebt den Tag der Abrechnung mit Gott fort, und während das Ohr auf Nachricht aus dem Feld gespannt bleibt — sie ist gewiß, auf einmal kommt Alarm seines Lebens, und bebändert und besternt steht er vor ihr und wirft verhaltenen Lebenssturm wie Gewitter und Blitz in sie — prüft sie innerlich von neuem ihre bisherige Führung nach den strengen Vorschriften der Religion, um nicht im geringsten über berechtigte Enttäuschung des Gläubigen hinaus sich anklagend zu empören. Sie bekommt auch günstige Zeichen. Ein Sergeant beim gleichen Stab, den der unverhüllte Jammer ihrer Briefe rühren mochte, antwortet in geschraubten Reden so Unterschiedliches, daß höhere Hoffnung allerhand in ihnen finden kann. Aus hundert Zeitungen erhält sie Bestätigung, daß Totgeglaubte, Totgewußte in die Arme der Liebenden zurückkehrten. Franz aber, von Fibern jugendlichen Willens hingerissen, sei ganz gewiß aus eintönigem Tagdienst in die Hitze der Gefechte geeilt und werde sich in den Berichten schließlich als ein Held und lebend wiederfinden.

Bis sie ein Bündel mit der Post erhält, das der gleiche Kamerad, ihrer Beschwörungen überdrüssig, an sie sandte: Lumpen von seinem entseelten Körper geschält, in beschämendem, kläglichem Zustand.

Ihr entgeht nicht die hämische Geste des Schicksals, die obendrein das Andenken des Verblichenen schänden will. Doch ist ihr der endliche Fall je tiefer umso lieber, da sie schon merkt, wie viel herrlicher sie sich von ihm erheben wird. Inmitten verwüsteter Hoffnungen, der jämmerlichen Trophäen seines Erdenwandels bleibt sie trauernd liegen und saugt aus tausend Erinnerungen Haß, allmählich rasenden Zorn gegen ein sinnloses Geschick und seinen oberen Lenker. Als sie endlich jeden Ort des Leibes mit gleicher Überzeugung angefüllt fühlt, erhebt sich ein neuer Mensch zu gewandeltem Leben. Mit Gott macht sie nicht mehr viel Worte. Sie sieht ihm frei ins Gesicht und zeigt ihre Meinung: Seine Entscheidung in ihren Sachen hat sie verurteilt und hängt nicht länger von ihm ab. Zum zweitenmal nimmt sie vom Dasein Besitz, belebt jetzt von sich selbst her ihre Welt. Aus deren Mitte sie alles bisher Verehrte hebt, es durch einen Götzen zu ersetzen: Franz, den sie mit jeglichem Tand der Phantasie schmückt. Je weiter sein irdisches Leben zurücksinkt, um so frischer macht sie ihn sich lebendig. Alle Kräfte müssen fortan für den einzigen Zweck sich regen, den toten Freund ihr fortwährend seiend zu erschaffen. Sie hat unaufhörliche Gesichte, Begegnungen und vertraute Zwiesprache mit ihm und riecht und schmeckt den ganzen angebeteten Mann. Ist sie aber mit ihm im innigen Verein der Gemüter, fliegt ihr Blick durch die Scheiben höhnisch zum Firmament, und Trotz spottet hell auf.

Sie wird wie eine Nonne schlicht und eindeutig. Dem einmal gewählten Bräutigam treu, geht sie wie mit Zäunen umstellt dahin. In ihre Bestimmung mit sich selbst ist von außen her kein Pfeil, kein anderes Verlangen zu senken. Sie weiß zu gut, wie der Geliebte sie wollte; nicht kleinmütig und verzagt, aber hoch über dem Los der Sterblichen. Die selbstherrlichen, keuschen Gebärden muß sie bewahren, daß beim endlichen Wiederfinden seine Erwartung von ihr sich vollauf bestätigt. So wandelt sie in Stahl gepanzert. Schicken ihr die Frühlinge Begierden, blühend erwachte Natur Versuchung, zwingt sie das Fleisch in kühle Richtlinien und lacht zum Schluß über der Geister Blendwerk. Männer, die ihr nahen, wollüstig und aufgeschwänzt, erledigt sie mit dem Blick eines für sie zu gewaltigen Maßes, in das sie wie Erbsen in riesigen Topf fallen. Je mehr das Leben sie versuchen will, um so freudiger wirft sich Meta ihm furchtlos entgegen, gewiß, mit ihrem Liebesbegriff jeder Wirklichkeit überlegen zu sein, und daß der verschmitzten Himmel lockere Absichten an ihrem Willen schließlich zerbrechen müssen.

*

Der Friede, den das Land erlangt, schwemmt die Menge der Männer in die Arme der Jungfrauen, Bräute und jungen Frauen zurück. Es hebt eine allgemeine, gewaltige Hochzeit an, und die Demut des Weibes ist an sich schon groß vor dem heimgekehrten Helden. Als aber sein Arm in der verwahrlosten Heimat richtend und regelnd überall fühlbar wird, die Jugend den zu Haus gebliebenen Greisen und irgendwie Verschnittenen die willkürliche Leitung der Ämter und Geschäfte scheltend entreißt, bricht befreiter Dank aus allen Herzen so stürmisch hervor, daß Verehrung männlicher Kraft und Vernunft allenthalben oberstes Gesetz ist. Auch Meta, der es einfällt, wie in letzter Spanne ihres Beisammenseins Franz sich zu eigenem Willen gereckt, Herrschaft und Gewalt über sie gefordert hat, formt den Geliebten dem allgemeinen Ideal nicht nur, sondern eigenem, ursprünglichem Wunsch nun unbedenklich nach. Macht ihn zum unbeschränkten Gebieter ihres Gewissens und ihrer Glieder; endlich stürzen die inneren Gewalten in das Bett einer einzigen Leidenschaft: schrankenloser Hingabe des Leibes und der Seele an den Vergötterten. Alle Organe werden, von Besessenheit ergriffen, Eingangspforten für den Atem seines Wesens. Der männliche Geist fährt wie Schwert in das Weib und reitet es mit Windsbraut in alle Abgründe des Empfindens, peitscht es durch Hohlwege und Schluchten sinnlicher Wünsche. Man hört sie aufschreien unter seiner würgenden Faust, sieht sie bäumen, stürzen, wieder stehend, halb sich heben und zum andernmal mit Wucht in die Furche der Bettstatt schlagen. Sie fühlt sich von ihm in die Wälder an alle jene Örter entführt, an denen sie einst gemeinsam scheues Gespräch geflüstert. Dort packt er sie, und während keusches Andenken sie rührt, bricht und knickt er sie in ein Bündel keuchender Wollust nach seinem Willen.

Tagsüber, mit geschundenen Gliedern, erfüllt sie dennoch die Pflichten dienender Stellung. Aus der Stärke der sie schüttelnden Empfindungen fühlt sie sich stolz von eigenen Gnaden Überwinderin des von Gott ursprünglich mit ihr gewollten Schicksals, Urschöpferin ihrer Lust und nimmt aus diesem Bewußtsein düstere Kraft. Doch immer ist es ihr Beweises eigener Person nicht genug. Rings horcht sie die Frauen nach dem Maß des natürlichen Glücks mit ihren Männern aus und jubelt, hört sie laue Anerkennung, meistens Enttäuschung. Im Verein mit ihrem süßen Mann hat Sturm und Schwelgerei kein Ende, sie unterliegt seinen Launen, Bedenken, Schwächen nicht. Jahre hindurch steigert sich noch das Maß des Entzückens, das von ihm kommt. In alle Blut- und Nervenbahnen ist sie von ihm schon besessen; aber immer noch findet Begierde neuen Genuß und blendende Überraschung.

Bald sieht Meta Folgen ihres unbändigen Glücks mit dem Mann. Der Leib, aus einem Teil einst, regelmäßig praller Formen, brach die Bünde gehügelter Üppigkeit und hat strengen Rhythmus schon gesprengt. Entzückt sieht sie ihre Schönheit für ihn, wie bei Weibern mit lebendigen Gatten, zerfließen. Nicht weniger scheint sie gestülpt, brüchig und gerupft. Mit Triumpf hängt sie in den gleichen Spiegel, der einst ihrer Jugend Knappheit faßte, die zerfallenen Kuchen der Brüste, des Bauches schleppende Fettguirlande. Sie meckert sich Beifall, schlägt die entstellten Lenden, um sie mit Inbrunst neuen Visionen auszuliefern. Aber zu allen Freuden ekstatischer Liebe leidet sie alsbald Schmerzen und täglich andere. Erst ist es Freßgier, die sie befällt und unzähmbar quält. Mit tierischem Hunger schlingt sie alles Erreichbare wahllos in den offenen Schlund, bis Ekel vor sich selbst sie packt, der aufgetriebene Magen sich brüsk erleichtert. Dann quillt Speichel in Wellen aus den Häuten des Mundes und der Nase, schäumt auf den Lippen und wechselt dort in vielen Farben. Oder es preßt eine Hand den Hals zusammen, daß sie zu ersticken meint; eine gespenstische Kugel steigt aus der Gurgel in die Eingeweide nieder, wobei kalter Wind den Leib durchweht. Tiefer, traumloser Schlaf wechselt mit anhaltender Schlaflosigkeit, die sie völlig erschöpft, und wüster Halluzination. Doch immer gelingt es noch trotziger Energie, Franz, zur Umarmung bereit, vor sich aufzuzaubern. Als aber Materie fast vom Knochen geschabt ist, das Fett verlebt, die Säfte, nicht ergänzt, träg geworden, kann sie die erlangten Ohnmachten und Zerschmetterungen mit neuem Aufschwung nicht mehr regelmäßig ausgleichen. Nur hier und da erfaßt sie noch des Mannes feste Gestalt. Meist muß sie sich mit einem Schatten begnügen. Und wie sie auch die Augen aus den Höhlen dreht, die mageren Hände sehnend reckt, — bei sich fühlt sie nur mehr etwas unwirklich Zerschlissenes. Dann stöhnt sie große Seufzer und fällt durstend in die Kissengrube; aber der ausgemergelte Körper stürmt in Schlaf, und die Sehnsucht der Halbentseelten flieht vom Gift des Sichzerfleischens häufiger zu Bildern guter Ruh.

Das angetrümmerte Gebein, dicht vor seiner Vernichtung, schreit nach Befreiung. Mit dem Mut der Verzweiflung wehrt es sich, bereit, alle anderen Möglichkeiten des Seins gutzuheißen, ihnen zu dienen, nimmt man von ihm die Zentnerlast der durch Jahre getragenen Qualen.

Alsbald tritt in das erfrischte Gehirn Bild der Umwelt zögernd wieder ein. Sie nimmt des Stübchens Einrichtung deutlich wahr: den Teppich vorm Bett, dessen Mitte vertreten ist; bunte Gardinen gegen das Licht. Erstaunt sieht sie ihren Fenstern das Dach eines Hauses gegenüber, das die frühere Aussicht ins Grüne und die angrenzenden Gärten sperrt. In der Küche glänzt Kupfer mit Zinn, und bemerkenswert scheint ihr der Ausdruck in Menschenaugen. Da kommt morgens ein Mann ins Haus, der Zeitungen trägt. Blond, greller Rede, drängt er sich kräftig in Metas Wirklichkeit, stellt sich quer vor das blasse Bild ihres Schattenmännchens. Gaukelt sie das noch manchmal her und bringt seine Züge nicht bündig zusammen, ist quick der Stellvertreter vollkommen da, zu allem Möglichen bereit. Sie dreht sich also, nur vager Absicht, in seine Bahn und hat ihn plötzlich unmittelbar, Aug in Auge vor sich. Gespannt sieht sie sein vorbereitendes Gebahren, schluckt seine bis zu den Haaren steigende Röte, die Wasserperlen auf der Stirn, zitternde Hände. Auch leises Knirschen der Kaumuskeln belustigt sie sehr. Als er aber, männlich perfekt, in die Horizontale schwenkt, macht sie der Schwitzende lachen, und sie springt von ihm fort. Zu albern wirkte sein strikter Angriff, es mangelt gewohnter, phantastischer Hinschwung; sie hat die Fanfare nicht gehört, unwiderstehliches Muß völlig vermißt.

Aus halber Anschauung und vollendeter Ahnung sah sie der hingegangenen Liebe unvergleichliche Höhe ein. Und wie vorher Natur, sind Trotz und Eitelkeit in ihr befriedigt. Reste von Zärtlichkeit und Schwärmerei schwinden schnell aus dem Herzen, und dreißigjährig stellt sich Meta, immer noch Dienstmagd in des Färbereibesitzers Familie, mit gänzlich veränderten Begriffen zu weiterem Dasein kräftig gewillt fest.

*

Bedient sie jetzt Gäste bei Tisch, die regelmäßig einmal in der Woche kommen, reicht ihnen Teller und Schüsseln, sieht sie die Speisenden eindringlich an. Sie merkt ihre Gespräche und kennt nach kurzer Zeit die Verhältnisse der Geladenen. Doch, was sie erzählen oder mit Zwinkern und Blinzeln von ihren Gefühlen ausdrücken, ihr menschlicher Inhalt scheint Meta armselig und flach. Sie, die gemeiner Herkunft wegen vor diesen Bürgern alle Schauer des Respekts gefühlt, merkt aus der Überlegenheit selbstgewollten und überwundenen großen Schicksals, Hochmut in sich wachsen. Die da sitzen, scheinen geschlagene Leute, denen das Menschliche zu karg gemessen ist. Ihre Begierden bleiben weit hinter Metas Sehnsucht zurück. Um kleine Vorteile treibt ihr Ehrgeiz, aus der Größe des Vermögens sind sie sich wichtig. Dem Unbemittelten dienen Fabeln seiner geschäftlichen Verschlagenheit, sich zur Geltung zu bringen. Da ist ein Herr mittlerer Jahre in kaffeebraunem Rock, der von seinen Spekulationen Wesens macht. Zum Schluß seiner Vorträge, die er mit trüben Witzworten krönt, pflanzt er, beifallheischend, der Hausfrau jüngerer Schwester, die seit kurzem zu Besuch da ist, einen runden Blick mitten ins Gesicht. Meta kennt die Stelle, wo auf des Mädchens Backe antwortend jedesmal der rote Fleck aufbrennt, sieht aber geschwind zum Erzähler zurück, um noch wahrzunehmen, wie der mit dem Mundtuch herausfordernd sich die Schnurrbartspitzen wichst. Sie findet diese Spießbürger Würmer, die man bodenlos gering zu achten und nach dem Maß der Verachtung zu behandeln das Recht hat. Mit dieser Feststellung begnügt sie sich nicht, sondern beginnt, sich in die Schicksale der Lendenlahmen sofort zu mischen und sie zu treiben. Erst springt sie das Mädchen an, das nach unabänderlich trägen Gesetzen die Tage verschleißt, indem sie Gedrucktes aus des Hausherrn Bücherei ihm in den Weg legt, das durch gewagten Inhalt es erregen soll. Durchs Schlüsselloch sieht sie der sich Entkleidenden zu und wartet auf den Effekt. Aber die klassisch Nackte, deren ebenmäßige Schönheit Meta gehässig bewegt, hält lesend das Buch mit der gemarkten Stelle, und kein Hauch rührt ihr Gesicht. Sie gähnt nur ein wenig, nestelt, kämmt, dreht die Lampe und schläft.

Und doch steckt sie seit Wochen, glaubt sie sich unbemerkt, dem kaffeebraunen Herrn die Finger schnell in die seinen. Sieht ihn geschwungener Braue an, senkt den Kopf und entschwebt. Als eines Abends die Herrschaft ins Städtchen fort ist, die Jungfrau vorm Spiegel mit gelöstem Haar und blanken Beinen zur Nacht sich schickt, schiebt Meta den scheuen Verehrer, der vorbeigehend nach der Anwesenheit der Freunde obenhin gefragt hatte, ohne weiteres der Überraschten in die Kammer und wartet verhaltenen Atems vor der Tür. Da es innen still bleibt, bringt sie den Blick an die Öffnung und sieht Mädchen und Mann beieinander, Hand in Hand und Aug in Auge. Dazu atmen beide kräftig aus geblähten Nüstern. Ein Weilchen, während das Herz vor Erwartung steht, sieht Meta ihnen zu; als aber die Haltung der Aufrechten sich nicht verändert, öffnet sie erbost die Tür und zwingt das monumentale Paar zum Aufbruch.

Doch gibt sie sich nicht zufrieden. Nach ihren höheren Absichten sollen sich dennoch die Geschicke der Armseligen erfüllen. In stärkerem Feuer will sie die Seelen glühen sehen, gewiß, noch immer wird sich dort ihr eigener Wert über dem der anderen erhärten, und sie kann an ihrer salamanderhaften Unbrennbarkeit von neuem vergleichend sich berauschen. Engeren

Anschluß sucht sie an die Ahnungslose, ist beim Anzug behilflich, streift ihr die Strümpfe schmeichelnd an die Beine, das Hemd über die zarte Haut. In Kürze vollendet sie mit sympathischen Strichen jeder Nerve zärtliches Verständnis, und als sie ihr Opfer zu eigener Regung flügge glaubt, weiß sie es bald wieder einzurichten, daß der lau Temperierte das junge Weib allein im Aufruhr der Gefühle findet.

Von der völlig Entzündeten fängt der schwer zu Entflammende Feuer. Nun girren hinter der Tür die Stimmen, es fordert Verlangen und seufzt die Schwäche. Das Mal des Sieges leuchtet auf Metas Stirn.

Allem, was folgt, widmet sie sich inständig; vermittelt den Liebenden Bequemlichkeit. Je dringlicher er Halt will, um so stürmischer wird der Mann geliebt, und das schleunige Ergebnis ist des Mädchens vollendete Schwangerschaft. Da aber ist die Mittlerin erst vollends selig. Für des Hauses Ruh, die nur durch banalen Anlaß bislang gestört wurde, hofft sie gründlichen Sturm und Raserei. Sie reibt sich die Hände und schneidet dem Himmel Grimassen. Und als sich das Unglück den Verwandten nicht länger verheimlichen läßt, mit einemmal im grünen Salon Aufschrei und Verwünschung schallt, als zweier Frauen Ohnmachten zu enden sind, und Nasenbluten des erschütterten Färbereibesitzers ihre Pflege und Essig fordert, schwebt Meta, überlegene Zuschauerin der Blamage und Verlegenheit, in sieben Himmeln.

Jede Stunde ist ihr nun höchster Erwartung voll. Sie glaubt an zerschelltes Geschirr, eingetretene Türfüllungen, den aus dem Fenster in den Hof zerschmetterten Leib. Auf den Pistolenschuß wartet sie, der plötzlich die Nachbarschaft alarmieren soll, hört Feuerwehr und Polizei schon die Treppe stürmen. Doch steigt das allgemeine Elend nicht über ein finsteres Schweigen und Tränen in Strömen. Eines Morgens aber erscheint der Verführer im schwarzen Rock mit hohem Hut; Verbeugungen, Komplimente, dann heftige Umarmungen werden getauscht, und bald kleidet Meta die Braut in Batist, Schleier und steifen Atlas. Während das erlöste, ausgelassene Mädchen lockende Kapriolen in den Spiegel stellt, fühlt sich die Bedienende von den himmlischen Gewalten aufs neue geneckt und um jeden Erfolg gebracht.

Aber sie will, nachdem ihr der Weg zu eigener, bedeutender Fühlung einmal gesperrt ist, aus von ihr aufgeregtem, fremden Schicksal unbedingt die fortdauernde Bestätigung nicht gewöhnlicher Natur. In Gestalt eines alternden Mädchens, durchschnittlicher Dienstmagd zum Kehricht geworfen zu werden, diesen Ausgang ihres Lebens ertrüge sie nicht. Sie weiß nicht, wie der Dämon in sie kam, aber daß sie vor jedem Atemzug gelten, vor sich selbst bestehen muß, und daß, diese Voraussetzung ihres Lebens zu schaffen, ihr jedes Mittel gilt.

Als mit dem in gesetzlicher Ehe geborenen Sprößling die jung Verheiratete alsbald aus ihrer Macht und ihrem Gesichtskreis entschwunden ist, spürt sie der Hausfrau Launen auf und wo bei ihr der Eingriff ins Leben zu wagen sei. Sie sieht die noch Begehrenswerte in simplem Haushaltskram befangen, und lange Zeit weiß sie nicht, wie ihr beizukommen wäre. Da springt ihr Zufall zu Hilfe, als sie den Erzieher des nun zwölfjährigen Knaben im Unterricht über ein samtenes Band der Prinzipalin träumend findet. Der Brennpunkt ist entdeckt, und mit unwiderstehlichem Drang facht sie Feuer unter den Primitiven, kocht sie durch Monate in ununterbrochener Hitze gar, bis der Boden des Topfes, in dem sie schmoren, wie Papier mürbe ist, und die Minute sich ankündigt, wo die Siedenden und Gesottenen ins offene Feuer fliegen.

Dicht vor der Katastrophe aber kommt ihr ein närrischer Einfall und macht sie vor Freude toll. Nicht halbe Arbeit will sie mehr leisten; diesmal soll das ganze Haus, der Familie rundes Ensemble, in sie untertauchen, und Herrschaft auf alle soll Lohn für fünfzehnjährige Sklaverei sein. Als der Herr wie stets in einer Ecke sie tätschelt, sprengt sie durch den ihm zugeschleuderten Blick seine gedämpfte Existenz und überläßt am gleichen Tag, da auch der junge Lehrer das ersehnte Glück findet, sich dem täppischen Alten.

Der hat durch seine Lebensstellung gefällige Umgangsformen mit der Frau. Meta nahm ohne Eifer mit Befriedigung, was er bieten konnte. Aus immer lebendiger Phantasie machte sie ihn abhängig; unterjochte ihn ganz. Sie probte und spannte ihn wie einen Handschuh, so weit er sich streckt; ersah an seinem Beispiel, wie weit der Mann dem Weibe wirklich folgt und stellt nach ihm das Bild von Franzens Männlichkeit richtig. Der Rest Bedauern, den sie über dessen Tod noch immer fühlte, minderte sich füglich. Als sie den Alten am Schnürchen hatte, er erst wie ein Pudel in ihrem Dunstkreis hüpfte, zwang sie auch die Hausfrau aus der Mitwisserschaft um ihr Verbrechen in dramatisch geführten Szenen zur Unterwerfung, allmählich zu striktem Gehorsam. Jetzt gab sie im Haus die Kommandos, nicht so sehr mit Worten als mit Blick, einer verlorenen Geste; spielte Richter und oberes Gesetz. Nie wollte sie, was jene wünschten, verbot, was ihnen erfreuliche Aussicht war und konnte nicht schlafen, gab ihr der Überblick des hingegangenen Tages nicht Gewißheit ihrer bewiesenen Macht. Drohten anfangs die Geprügelten, sich zu empören, das noch ungewohnte Joch abzuwerfen, dämpfte sie durch anonyme Briefe, die das Infame mit gemeinen Worten an die Wand malten, die Lust zum Aufstand; durch auferlegte Strafen den Wunsch, Widerstand zu wiederholen.

Sie zog in ein geräumiges Zimmer am Hauptflur, das sie mit hübschen Dingen schmückte, die ihr anderswo entbehrlich schienen. Setzte den Papagei im Bauer und einen Ledersessel ans Fenster, in dem sie regelmäßig als erste die Zeitung las und rückte schließlich das Grammophon im Mahagonischränkchen aus dem Eßzimmer zu sich herüber. Ein buschiger Kater hockte auf ihrem Schoß.

Für die Arbeit hat sie längst eine Magd genommen. Samt den übrigen Hausinsassen dient ihr die tagtäglich irgendwie zur Befriedigung dunkler Instinkte. Durch immer neue Nadelstiche, tausend gesiebte Bosheiten und Intriguen, gegen die sie wehrlos ist, im Mark des Lebens gelähmt, sinkt die ganze Sippe allmählich in so bodenlose Abhängigkeit, daß jede Reibung schwindet. Für den Besucher bildet die Gemeinschaft das Bild idealen Friedens; wie zärtliche Verwandtschaft liebenden Eifers bemüht ist, das Leben der verehrten Tante zu erhalten, vor Schreck und Trubel zu bewahren. Man buhlt mit den niedrigsten Mitteln um ihre Gunst; der Gatte verleumdet die Gattin, das Kind die Eltern, alle aber die Magd, die sich auf gleiche Weise rächt. Wo Meta auftrumpfen will, liegen die Stiche schon auf dem Tisch. Ihr zum Schlag gehobener Arm fällt auf Samt, zutretender Fuß taucht in Watte. Um sie ist schließlich Atmosphäre von Thymian und Lavendel, und wie sie auch immer im Einzelfall streng entscheidet, sieht sie doch nur verklärte Gesichter. Man ist unter allen Umständen entschlossen mit ihr, unbedingt für ihren Willen. Ihrer längst nicht erloschenen, leidenschaftlichen Lust am Aufruhr stellt sich in ihrer Umgebung einfach kein Gegner.

Sie muß ihren Groll künstlich päppeln, sich aufsagen, wie sie von Gott und den Menschen tödlich beleidigt ist um etwas, das ihr lange sehr deutlich war. Während sie im Genuß ertrinkt, betet sie sich vor, sie sei gemartert und grausam gehöhnt; aber die Sühne des Himmels stehe noch aus. Sie fühlt, verliert sie Aufstand und Empörung erst völlig aus dem Blut, muß in ihr ein Vakuum entstehen, das sie in Abgründe schleudert. Aber die vier Menschen um sie, die den Schlüssel ihrer Natur gefunden, singen ihr Hymnen, überstürzen die geringste Forderung an sie von sich her und entkräften immer mehr Metas einst lodernden Haß.

Schon, wenn am Jahresersten die Familie mit dem Frühesten an ihr Bett tritt — sie aber liegt in schleifenverzierter Haube, kostbarem Hemd mit gefalteten Händen unbeweglich auf dem Rücken wie ein sehr kostbarer Gegenstand — und das erdenklich Gute wünscht, oder an ihrem Namenstag das Haus mit brennenden Lichtern und Kränzen ein Tempel der Freude ist, Likör und edler Wein in Römern herschwebt, der die Geister verzaubert, schwindet ihr Erinnerung alles Gewesenen. Aber an ihrem vierzigsten Geburtstag, da Segenswunsch und Musik, als Enthusiasmus mit frohen Toasten prasselt, und in allen Blicken die Träne der Rührung hängt, fühlt sie aus sich das Heftige gerissen; sitzt im Kreis der Feiernden betäubt und gestäupt als leere Attrappe.

Alle Arbeit ist ihr aus dem Weg geräumt, den Finger darf sie schließlich nicht mehr rühren, und die geringste Handreichung wird mit stürmischer Abwehr nicht geduldet. Aber Überraschung bringt man ihr von draußen, freundliche Grüße der Bekannten, nur gute Nachrichten. Jeder Eintretende stellt strahlenden Augs mit lachendem Mund vor ihr ein lebendes Bild. Alle haben die zierlichsten Bewegungen, holde Sprache, Händedruck und Herzbeteuerung. So ist ihr jeder Anlaß zu Scheltworten genommen. Wie sie auch Argwohn und zänkische Erwartung spannt, immer endet jeder Vorgang über Erwarten glücklich in Sonnenschein. Man schmeichelt dem Vogel im Bauer, bringt ihm Biskuits und fragt mit schmelzender Besorgnis: „wen liebst du am meisten auf der Welt?“, und kreischt der bunte Bursche: „Meta! Meta!“, scheint man gerührt, entzückt, sogar erschüttert. Vom ewigen Sitzen und Gefüttertwerden wird die Verwöhnte von neuem unförmig fett. Ihre gefräßige Natur widersteht den Leckerbissen nicht, die man ihr reicht, und aller Welt macht es gehässigen Spaß, die Anschwellende nach Kräften zu mästen.

Ißt sie reichlich zu Tisch, schlürft viele Tassen Kaffee und mummelt Kuchen, dösen die Augen träg ins Leere. Nicht Feuer mit Blitz steht in ihnen, kaum mehr Strahl des Lebens. Bei Zeitungstratsch und Phonographengeplärr läppert sie Tage. Ihrer Umgebung achtet sie nicht mehr, läßt die beherrschte Welt immer weiter aus den Zügeln und kümmert sich ängstlich nur um die Gemäßheit der Verdauung.

Doch die vom Leitseil Entspannten schweifen in ein freies, früheres, durch sie nur unterbrochenes Sein fort. Mit vorgeschrittenem Alter hat man eine gewisse Höhe des Lebens erreicht. Vom Hügel herab sieht man Jugend, Torheit und Tollheit, und sicher vor ihnen, betrachtet man sie kritisch und belächelt sie. Ohne treibende, innere Flamme sind die Gatten aus der Häuslichkeit nicht mehr fortgerissen, sondern, der schwachen eigenen Kräfte, der Kämpfe im Dasein bewußt, aufeinander zu schmalem, letztem Lebensgenuß angewiesen. Und was man nie vermocht hat: da man das Gleiche will, traut man einander, nähert sich und lernt sich wirklich kennen. Der silbernen Hochzeit steuert man zu, geht das Vergangene im Geist durch, macht entschuldigende und begreifende Anmerkungen und ist mit Hin- und Widerrede eines Tages so weit, daß man spürt, wäre es nötig, könnte man auch einen Fehltritt, der weit zurückliegt, dem andern ohne Gefahr getrost gestehen.

Als aber diese Wahrheit erkannt und eingesehen war, begann man, die Gehätschelte im Lehnstuhl mit neuen Augen zu sehen. Noch ließ man es an der Anrichtung der Speisen nicht merken, wie sich die Lage schlimm für sie geändert hatte, doch sparte man mit Besuch und machte für sie keinerlei Anstrengung mehr. Meta nahm die mangelnde Teilnahme entweder garnicht wahr oder empfand sie als erhöhte Rücksicht, die ihrer Bequemlichkeit erwiesen wurde. Immer mehr dämmerte sie in den Zustand zufriedener Gleichgültigkeit hinüber.

Doch wollte sie eines Morgens Dienstleistung und hatte dreimal den Klingelknopf gedrückt. Als niemand kam und ohne Erregung sie mechanisch weiterschellte, öffnete endlich die Hausfrau die Tür und fragte schnippisch, was ihr denn einfiele. Ganz verdutzt, blieb Meta glotzenden Blicks die Antwort schuldig. Da erhob die Scheltende schreiend die Stimme, sie verbitte sich Art und Weise. Was denn im Werk sei, und ob sie sich, was sie brauche, nicht gütigst selbst holen wolle und ob überhaupt . . . und da höre alles auf! Und je weniger die Gescholtene zu entgegnen vermochte, um so mehr tobte der Frau entfesselte Wut. Zischend spie sie Wortschlangen auf die Vertatterte, berauschte sich an deren demütiger Stille so unmäßig, daß sie Stühle vom Platz, Gegenstände durchs Zimmer schleuderte. Mehr von der Dynamik der Stürmenden als vom eigenen Trieb bewegt, richtete sich Meta schließlich auf, nach bewährtem Rezept zum Angriff überzugehen. Sah aber beim ersten Blick dem Gegner ins Auge; der hatte alle Angst vor ihr verloren, und ihr Spiel sei unwiederbringlich und gründlich verspielt. Trotzdem machte sie eine fürchterliche Bewegung, zeigte plötzlich das alte, von tödlichem Haß entstellte Gesicht so drohend, daß die von neuem Geängstigte gellend den Gatten zu Hilfe rief. Der übersieht, im Schlafrock herbeieilend, mit einem Blick nach rückwärts und vorwärts die Lage und nie wiederkehrende Gelegenheit, fuchtelt die Arme wuchtig aufwärts, dröhnt mit riesiger Stimme Löwentöne, daß alles zusammenläuft, und die Nachbarn an die offenen Fenster eilen. Da er fühlt, ihn verlassen die Kräfte, es müsse aber zum Schluß noch die entscheidende Granate einschlagen, kreischt er mit schneidendem Schrei, sie solle nicht vergessen, daß sie Dienstbote und gelitten sei. Der Satz tat dämonische Wirkung. In die Brust flog die Familie. Wie vom Blitz zerschmettert aber knickte Meta in den Wirbeln und fiel wie Plunder ins Dunkle. Dann flog Bann und Fluch auf sie, und eh' ihr noch ein Gedanke keimte, war ihr für vierzehn Tage später gekündigt und zugleich anbefohlen, noch am gleichen Tag das Haus zu verlassen. Lohn und Kostgeld würde nach dem Gesetz bezahlt.

So endgültig, spürte sie, war ihre Niederlage, daß sie keinen Versuch machte, den Gang der Ereignisse aufzuhalten. Aus allen Winkeln räumte sie ihre Habseligkeiten und Siebensachen. Beim Umkehren der Schübe fiel auch ein Bündel beschmutzter Lumpen vor ihre Füße. Erst begriff sie deren Sinn und Herkunft nicht. Dann, während Ekel sie schnürt, erkennt sie Franzens irdische Hinterlassenschaft. Sie kneift die Mundwinkel und stößt den Packen zum Kehricht.

Wenige Stunden später sitzt sie im Gasthof allein, aus dem sie nach ein paar Tagen, noch halb im Traum, zu einer Verwandten aufs Land übersiedelt.

*

Von dort wollte sie anfangs, das letzte Wort im Streit zu behalten, einen Brief der ehemaligen Herrschaft schicken, in dem Verachtung und Überlegenheit maßlosen Ausdruck hätten. Da sie das Schreiben aber trotz Mahnung des Verstandes von Tag zu Tag aufschob, merkte sie endlich, wie gleichgültig im Grund die Katastrophe sei, und wie sie eher mit diesen Leuten als die mit ihr fertig gewesen. Sie findet jetzt, die letzten Monate seien durch innere Teilnahmslosigkeit als einzige ihrem Leben verloren. Aus eigenem Antrieb hätte sie eher aus einem Haus aufbrechen müssen, das längst von ihr mit Stumpf und Stiel gefressen sei. Aus welchen Quellen hätte sie dort ihr Lebensgefühl speisen sollen? Welche Gewißheit der Gegenwart und Aussicht für die Zukunft konnte sie da noch beschwingen? Ein grämlich bequemes Alter sei ihr gewiß gewesen. Halber Tod im Leben. Hier aber war vor allem die Landschaft, zu der sie aus Vergangenheit keine Beziehung hatte, ihr Phänomen, und sie hoffte, befeuernd werde die auf sie einwirken. Mit der menschlichen Umgebung, die sie ihrer Erfahrung gemäß fand, trat sie am neuen Ort nicht mehr in Wettkampf. Wo Wucht des Fühlens und der Instinkte entschied, wußte sie sich ein für allemal auserwählt und der Menge gründlich überlegen. Auf dem Gebiet geistiger Kräfte aber suchte sie keinen Anschluß, der ihr aus Begabung und Erziehung verwehrt war. Hochmut, Neid, Zorn fielen als überflüssig fort, als sie merkte, das simple Bauernvolk stand an Geltungswillen noch hinter den besiegten Städtern zurück. Unter Unbewaffneten aber im Harnisch zu gehen, erschien ihr sinnlos. Hübsche Ersparnisse gaben ihr zudem in diesen bescheidenen Verhältnissen auch die äußere Sicherheit, die ihre kurzen Gesten, knappen Anmerkungen von innenher bezeugten.

Da sie aber spürte, noch immer wende sie zuviel Kraft an den täglichen Umgang mit belanglosen Menschen, nutzte sie vor allem weiteren ihr Geld dazu, einen Mann zu fesseln, der Mittler zwischen ihr und den anderen sein, die Unkosten des von der Welt geforderten Entgegenkommens tragen sollte. Jakob war Kriegsinvalide, ein rüstiger Fünfziger mit Stelzfuß. Medaillen und Schnallen auf der Brust bezeugten seinen Sinn für Gemeinschaftsideale, den Willen, sich in bürgerlichem Verein bemerkbar zu machen und die Fähigkeit dazu. Sie heiratete ihn und setzte ihn vor ihre eigene Person als Damm gegen die kleinliche Zudringlichkeit der Nachbarn. Es wirkte nicht störend, ein brillanter Hans in allen Gassen hatte eine schweigsame, zugeknöpfte Frau. Es ließ sich im Gegenteil versöhnend an. Jede Satzrakete ihres Gatten, seine Schwärmer und Leuchtkugeln, die verständnisvolle Bewunderer fanden, sicherten ihr Stille und innere Abgeschiedenheit auch dann, saß sie mitten im aufgeräumten Kreis, der bei der Erzählung von Jakobs Kriegsanekdoten lärmend vaterländisch begeistert war. Sie stützte seine einfache, seelische Mechanik, ölte die Maschine, drehte die Kurbeln und stellte sie auf Jahrestage beliebter Schlachten, auf Kaisers Geburtstag oder sonst ein Jubiläum, um ihn, rasender Brisanz mit Lampions und Feuerwerk, auf die Zeitgenossen loszulassen.

Sie selbst aber ging heimliche Wege in die Landschaft. Am überraschenden Wirken sprühender Natur wollte sie das eigene, kräftige Leben messen. Morgenröte, Sonne im Zenith und die Sternbilder am Firmament, Wind, Regen, Hagel und Schnee stellte sie als wechselnde Erscheinungsformen fest, von denen sie den jedesmal gewollten Effekt zu erkennen suchte. Sie mochte nicht einsehen, Regelmäßigkeit sei das Prinzip, aus dem Natur sich rege und sträubte sich, zu glauben, Sonne gehe ohne besonderen, heutigen Zweck auf, um zu sterben und morgen wieder pünktlich am Platz zu sein. Am Wiederkehrenden wollte sie durchaus das einmalig Notwendige erkennen, das es erst legitimiere.

Doch je tiefer sie in den Plan der Schöpfung eindrang, sah sie Gleichförmigkeit und Gegebenheit als letztes Gesetz ein. In noch höherem Maß als der Mensch waren Pflanze und Tier artmäßig übereinstimmend; es ging im weiten Umkreis der Natur gattungsgemäß nach ewigen Formeln von der Geburt zum Tod ohne den Aufschwung, den für sich selbst der niedrigste Mensch einmal im Dasein beweist. Was aber mit Gewißheit vorauszubestimmen war, langweilte sie nicht nur am Menschen; und so langweilte sie bald erst recht Natur. Was man den Reihen des aus gleichem Stoff Gewesenen in gleicher Absicht nachtat, könne als eigentliches Sein nicht rechnen, dachte Meta. Denn es entkleide des Selbstgefühls und noch Erhabeneren, das sie nicht zu nennen wußte, aber mit allen Fasern ihrer Seele immer anstrebte. Sie mochte nicht aus fremden Zungen reden, nicht aus fremder Gewißheit handeln. Von sich selbst mußte sie fortwährend zeugen, und im Haus und draußen wollte sie nur mit Organismen umgehen, die, die Form sprengend, eine andere eigentümliche Form bildend, sich bewiesen.

In des Hauses entlegene Stube zog sie und saß im Halbdunkel. Da die Gegenwart ihrem Erlebnisdrang nicht günstig ist, lebt sie von Erinnerung, während sie wie eine Spinne im Netz auf Anlaß lauert, sich zur Höhe ihres Gefühls von neuem aufzurichten. Sie zaubert den Abglanz aller Stationen ihres weiblichen Blühens und Welkens her. Franz tritt mit vollkommener Sensation zu ihr, und erst jetzt kennt sie ihn in seinem ganzen Verein: Er war absonderlich jung und so wenig eigene Person, daß sie ihren ganzen Traum vom Mann mit ihm hat austräumen können. Je eindringlicher sie ihn gliedert, eine Zukunft bildet, die er gelebt hätte, wäre er vom Krieg heimgekehrt, um so deutlicher wird er das Ebenbild Jakobs. Derselben Begabung, des gleichen seelischen Gewichts, hätten Sprüche in seinem eitlen Maul den Mangel an Tatkraft stets ersetzen müssen. Wie Jakob hätten auch ihn Schnallen und Medaillen auf der Brust in seiner Welt beglaubigt; hinreichende Betätigung seiner selbst hätte auch er in Prost und Toast gefunden.

Zehn Jahre früher würde sie ihn damit aus dem Herzen verloren haben, und die Zeit ihres höchsten Aufschwungs mit ihm wäre nie gewesen.

Mild stimmte sie die Erkenntnis mit Gott, und aufmerksam sah sie ins treibende Gewölk, als läge hinter ihm vielleicht noch Überraschung und neuer Aufruf zu tätigem Leben. Ihre inneren Bestände von jeher musterte sie und stellte fest: nie habe gegen den Höchsten sie sich vergangen, hätte sie, ein menschliches Weib und nach den Worten der Schrift sein Abbild, vom ersten Lebenstag das Recht auf eigene Person und volle Verantwortung für sich gefordert. Denn nie, wohin immer die Sucht persönlichen Erlebnisses sie geführt, sei sie noch so schrecklichen Folgen ausgewichen. Sie hielt es sogar des Menschen als des göttlichen Gleichnisses für unwürdig, lebte er im Hinblick auf die Allgegenwart und Allkraft Gottes träge im Bett der Gewohnheiten, ohne mit seinem Blut die überkommenen Begriffe zu füllen und für sich selbst lebendig zu machen. Ihr ganzes Leben hindurch hatte sie nur gegen Sattheit, Ruhe und Stillstand in sich und anderen gemeutert, sich empört gegen den Tod in jederlei Gestalt, als gegen den grimmigsten Gegner des allebendigen Gottes. In Menschen, die ein nutzloses Sein nach Schema und Klischee hinbrachten, war sie wie Flamme gefahren und hatte sie zu eigener Äußerung endlich gebracht.

Wo sie weilte, hatte Gefühl in Marsch und Aufruhr gestanden. Niemand habe mit ihrer Bewilligung einfach geschlafen, gegessen oder von beiden ausgeruht.

Als mit dieser Einsicht alle Bedenken über Vergangenheit in ihr ausgeglichen waren, regte sie sich, nach dem Tod des Gatten Jakob, wieder rüstiger und richtete von sich fort den Sinn unmittelbarer auf die Mitwelt. Es reizte sie mächtig, nicht mehr aus dunklem Drang, sondern mit vollkommener Erkenntnis manchen schwächeren Weltkinds Bürde auf ihre Schultern zu nehmen, seine Bedenklichkeit, sich zu sich selbst zu bekennen, in alle Winde zu zerstreuen. Eine alte Eva war sie, gebraucht und in den Kesseln des Geschlechts gesotten. Aber unter weißem Haar stand das Menschliche ihr frisch und unversehrt. Nicht weniger als die Jungfrau einst, im Fenster auf Ausschau hängend, war sie für sich und andere keck und zukunftssicher.

Ihre Kraft in abgestecktem Raum aufs beste noch zu nützen, trat sie in das Altfrauenhaus ihrer ländlichen Gemeinde ein. Zwanzig in durchschnittlichem Leben abgeblaßte Seelen traf sie dort, erloschene Flämmchen, die sich schämten, noch zu schwelen. In verschlissenen Kleidern, das weibliche Aussehen arg vernachlässigt, schlichen diese menschlichen Trümmer unsicher im Dämmerlicht.

Meta wie Jugend, Sturm und himmlische Überredung fuhr in sie. Rollte ihnen den Film des Lebens zurück, wies die häufigen Höhen und zeigte einer jeden an der entsprechenden Stelle ihre ganz unvergleichliche, irdische Wirksamkeit. In welken Brüsten entzündete sie eine späte aber vollkommene Überzeugung von der einzigen Bedeutung dessen, wofür sie geblüht hatten.

Und jede dieser Kreaturen setzte einige schüchterne Schößlinge an. Das kahle Holz begann zu treiben in der Gewißheit, solange es lebte, am neuen Morgen noch immer den ersten Tag zu haben. Es wurde das Licht der Augen wieder hell; die Hauben gebügelt und gewaschen, bekamen Rüschen; Spitzen und gefälteltes Weiß sahen aus den Ärmeln. Finger, Ohren und das gepflegte Tuch der dunklen Kleider waren plötzlich goldgeschmückt.

Nach vollbrachtem Tagwerk findet man die Runde der Weiber allabendlich um die gewaltige Tafel: aus den Hälsen die Häupter steif gehoben, die Hände wie bewiesene und bedeutende Einheiten breit auf die Platte des Tisches gestreckt, lauschen sie andächtig Metas Rede. In allen Antlitzen aber brennen zinnoberrot hektische Flecken, und manchmal klopft zu dem Gesprochenen ein Fuß mit hohem Bewußtsein den Boden.

Als vom benachbarten Kloster die Nonne Äbtissin, die von Metas Hochgemutsein in der strengen Abgeschiedenheit gehört hatte, sie aufsuchte und, mit ihr plaudernd, meinte, vielleicht sei das Kloster auch für den Rest i h r e r Tage der rechte Ort, gab die alte Magd bescheiden doch gewiß dies zurück:

Ihr seid nicht stolz genug auf euch, ihr klösterlichen Weiber. Mir gefällt nicht die Demut, das Bedauern eigener Unzulänglichkeit und nicht Unterwerfung unter hohe, unumstößliche Vorschrift. Schönste, irdische Wirklichkeit bin ich mir selbst, und auch vor meinen Herrn will ich einst so treten, daß er mich als das Höchstpersönliche erkennt, welches er, von aller Menschheit streng unterschieden, einst schuf, und das er „Meta“ nannte.

ENDE

9 789356 903586

Printed at Repro India Ltd.